Género Biografía

Pregunta esencial
¿Cómo conseguimos lo que anhelamos?

Alcanza las ESTRELLAS

Dominic Ashton

Capítulo 1

SE PRENDE UNA CHISPA

Cuando Franklin Chang Díaz tenía siete años, su madre le dijo que la Unión Soviética había puesto el primer **satélite** en el espacio. Franklin salió corriendo y se trepó a un árbol. Contempló el cielo nocturno. Deseaba distinguir una luz del satélite mientras pasaba. Era el comienzo de un mundo totalmente nuevo, el mundo de la exploración espacial. Esa noche, Franklin decidió que sería astronauta.

Un científico trabaja en el *Sputnik 1*, el primer satélite en el espacio.

A Franklin le ancantaba aprender sobre el espacio. Cuando era joven, hacía de cuenta que era un astronauta.

Franklin nació en Costa Rica en 1950. Su madre era costarricense y su padre, chinocostarricense. Cuando Franklin era joven, la familia se mudó a Venezuela. Tiempo después, regresaron a Costa Rica porque las escuelas eran mejores. Durante su niñez, Franklin prefería jugar a la exploración espacial. Él y sus primos transformaban cajas en naves espaciales. En sus tertulias, realizaban viajes imaginarios y descubrían nuevos planetas mientras exploraban.

Franklin estudiaba con aplomo en la escuela. Era un buen alumno. Sus padres querían una buena educación para él, pero no tenían dinero para enviarlo a la universidad. Franklin sabía que le resultaría difícil cumplir su meta de ser astronauta. Pero su sueño lo motivaba.

En la escuela secundaria, Franklin le escribió a un científico que era especialista en investigación de cohetes. Le preguntó qué debería hacer para convertirse en astronauta. El científico le respondió que debería estudiar matemáticas y ciencias, pero en inglés, no en español. Franklin comprendió que si realmente quería ser astronauta, necesitaría irse de Costa Rica.

Franklin tenía 15 años cuando el Gemini 6 fue lanzado, el 15 de diciembre de 1965.

Cuando le preguntaron a Franklin por qué daría su vida, él respondió: "**por un sueño**". El sueño de Franklin era viajar al espacio.

Cuando Franklin terminó la escuela secundaria en Costa Rica, fue a vivir con unos parientes en Estados Unidos. Franklin volvió a la escuela secundaria para aprender inglés. Sin embargo, no tomaba solamente clases de inglés. También estudiaba con entereza ciencias, matemáticas e historia. Al principio, reprobaba las materias porque no entendía el idioma. Pero en poco tiempo, comenzó a obtener una A en todas las materias. Le iba tan bien que le otorgaron una beca para ir a la universidad.

En la universidad, Franklin estudió ciencias. Luego, ganó una beca para el postgrado. Durante estos estudios, diseñó planos para un motor cohete.

Cuando Franklin llegó a Estados Unidos a la edad de 17 años, no sabía hablar inglés. Nueve años después, era un hombre culto y hablaba inglés correctamente. Tenía un diploma de postgrado en **física**. Además, era ciudadano de Estados Unidos. Franklin estaba por cumplir su sueño. Solicitó capacitarse en la NASA como astronauta, ¡pero lo rechazaron! Franklin no se dio por vencido y siguió haciendo solicitudes.

Capacitación para astronautas

Para ser astronauta, es necesario trabajar mucho. Además de estudiar matemáticas, ciencias y tecnología, los aspirantes aprenden a operar las computadoras que controlan las naves espaciales. También deben aprender a adaptarse a diversas condiciones en el espacio, como la ingravidez. Utilizan simuladores para practicar las diferentes partes de una misión espacial, tales como el lanzamiento, la órbita y el aterrizaje.

NASA

Capítulo 2
¡LO LOGRÓ!

"¡Lo logró! ¡Lo logró!" Esto gritó la madre de Franklin Chang Díaz cuando en 1980 él llamó a su familia para contarles que había sido elegido para el programa del transbordador espacial. Solamente 19 personas fueron elegidas de un total de 4,000 que se habían presentado.

El Dr. Chang Díaz pasó seis años en la NASA antes de ir al espacio. Se dedicó a su capacitación como astronauta y a la investigación sobre el diseño de cohetes. También colaboró en el diseño de la Estación Espacial Internacional.

El Dr. Chang Díaz se capacita para caminar en el espacio.

Franklin Chang Díaz voló en su primera misión en 1986, en el transbordador espacial *Columbia*. Ha comentado que el primer vuelo es el más interesante por ser "...la primera vez que uno experimenta el espectáculo del planeta [Tierra] delante de sus propios ojos. Aquello para lo cual me había preparado toda mi vida, estaba pasando realmente".

El Dr. Chang Díaz dijo que la vista de la Tierra desde el espacio es "la cosa más hermosa que jamás se haya visto. **Valen la pena todos los esfuerzos,** todas las preocupaciones y todas las dificultades".

¿Pilotos o científicos?

Los primeros astronautas eran pilotos de la fuerza aérea. Los científicos diseñaban las naves, pero nunca viajaban en ellas. Franklin Chang Díaz creía que era esencial que los astronautas fueran también científicos, por lo que continuaba su capacitación para ambas profesiones. Al final, tuvo éxito. Voló en un número récord de misiones.

Durante los 16 años siguientes, el Dr. Chang Díaz tuvo la oportunidad de volar en siete misiones en el transbordador. En cada misión, había que realizar diferentes tareas. En su segunda misión, el transbordador lanzó la nave espacial *Galileo* en un viaje de seis años para explorar Júpiter.

En su sexta misión, el transbordador se acopló a la estación espacial rusa *Mir*. Entregó suministros y recogió a siete astronautas que habían pasado más de dos años allí.

Franklin Chang Díaz (derecha) y su colega astronauta Jeffrey Hoffman sostienen un cartel para mostrar que cada uno ha pasado 1,000 horas en el espacio.

En la última misión del Dr. Chang Díaz, el transbordador se acopló a la Estación Espacial Internacional (EEI). El Dr. Chang Díaz dio su primera caminata espacial. Colaboró para arreglar el brazo robótico de la EEI.

Chang Díaz voló en siete misiones espaciales. En esa época, nadie había volado tanto.

Detective del lenguaje	**¿Puedes hallar un adjetivo demostrativo en esta página?**

El Dr. Chang Díaz da su primera caminata espacial.

NASA

La última misión del Dr. Chang Díaz fue en el *Endeavour*. La EEI es el fondo en esta foto de la tripulación.

NASA

Misiones en las que voló Franklin Chang Díaz

Fecha	Duración	Órbitas de la Tierra	Distancia (millones de millas)	Transbordador
1986	6 días	98	2.5	*Columbia*
1989	4 días	79	2	*Atlantis*
1992	7 días	127	3.3	*Atlantis*
1994	8 días	130	3.4	*Discovery*
1996	15 días	252	6.5	*Columbia*
1998	9 días	155	3.8	*Discovery*
2002	13 días	217	5.8	*Endeavour*

Capítulo 3

MODELO A SEGUIR

Franklin Chang Díaz se retiró de la NASA en 2005, pero no fue el final de su vida profesional. Está desarrollando un cohete de **plasma**. Dice que el cohete cambiará por completo los viajes espaciales. El cohete permitirá a las naves espaciales llegar más lejos y volar más rápidamente.

El Dr. Chang Díaz (adelante a la derecha) muestra a los visitantes el laboratorio en Costa Rica donde se está desarrollando un cohete de plasma.

John B. Carnett/Popular Science/Getty Images

El Dr. Chang Díaz también investiga las enfermedades tropicales. Trabaja con científicos de muchos países para encontrar una cura para estas enfermedades. Se han realizado algunos experimentos en el espacio. Es más fácil producir medicamentos en la **microgravedad** del espacio.

El Dr. Chang Díaz ha recibido muchas distinciones por sus logros. Aquí, aparece (segundo a la izquierda) con las otras personas que recibieron la Medalla de la Libertad en 1986.

Marte en 39 días

Actualmente, una nave espacial aumenta su velocidad de 0 a 17,500 millas por hora en unos ocho minutos. Usa 1,500 toneladas de combustible durante el proceso. Un cohete de plasma sería mucho más rápido y eficiente. El viaje a Marte duraría 39 días en lugar de los 8 meses que tardaría ahora. Al llegar a su destino, la nave espacial sería capaz de usar **hidrógeno** a fin de reabastecerse para el viaje de regreso.

Franklin Chang Díaz desea ayudar a los jóvenes costarricenses. Trata de comunicarles que deberían seguir sus sueños, como él lo hizo. Cuenta que el estímulo de sus padres y de otras personas fue de gran ayuda. Cree que lo esencial es tener una meta y determinación. El Dr. Chang Díaz cuenta a los jóvenes que sus padres tenían muy poco dinero, y que si él pudo, cualquiera puede hacerlo.

Detective del lenguaje	**Halla un gentilicio en esta página. ¿Por qué empieza con minúscula?**

Franklin Chang Díaz superó muchos obstáculos para alcanzar su meta de ser astronauta.

NASA

Respuesta a la lectura

Resumir

Usa detalles del texto para resumir los sucesos importantes en la vida de Franklin Chang Díaz. Usa la tabla como ayuda.

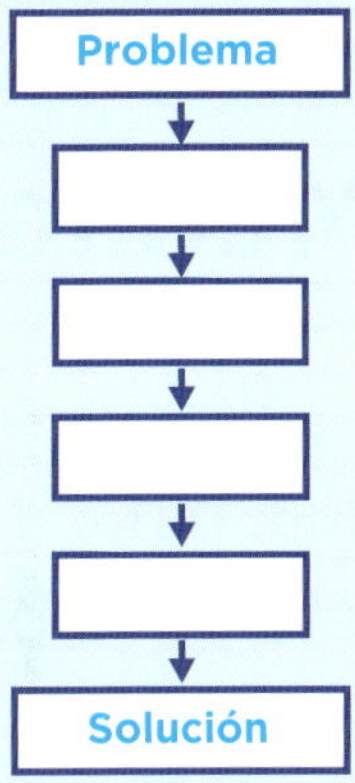

Evidencia en el texto

1. ¿Cómo sabes que *Alcanza las estrellas* es una biografía? **GÉNERO**

2. Vuelve a leer las páginas 4 y 5. ¿Qué problema tenía Franklin Chang Díaz? ¿Cómo lo solucionó? **PROBLEMA Y SOLUCIÓN**

3. La raíz *orb-* significa círculo o disco. ¿Cómo te ayuda la raíz a comprender el significado de *órbita* en la página 6? **RAÍCES LATINAS Y GRIEGAS**

4. Escribe sobre cómo Franklin Chang Díaz se convirtió en astronauta. ¿Qué problemas enfrentó? ¿Cómo los solucionó? **ESCRIBIR SOBRE LA LECTURA**

Género Ciencia ficción

Compara los textos

Lee sobre otra persona que tenía un sueño.

Melina muestra su entereza

Melina quería ser astronauta desde que era una niña. Había escuchado las historias sobre su tatarabuelo, Franklin Chang Díaz. Era un famoso astronauta que participó en los primeros viajes espaciales.

Melina no ha tenido que enfrentar los mismos obstáculos que Franklin enfrentó, pero ha enfrentado sus propios obstáculos. Melina es inteligente y laboriosa, pero le llevó mucho tiempo aprender a leer correctamente.

Luego, en la Escuela Espacial Chang Díaz, algunos alumnos creían que había obtenido su lugar en la escuela por su apellido. Ella tuvo que ser el doble de buena que los demás para que la trataran de igual a igual.

Después de muchos años de estudio y entrenamiento, Melina fue aceptada por el Comando Espacial.

Illustrator: Max Powell

Melina solicitó formar parte de la siguiente misión del Comando Espacial. Era el primer vuelo a otro sistema solar. La nave sería propulsada por un sistema de plasma desarrollado por Franklin Chang Díaz.

Cuando Melina fue seleccionada como una de los tres astronautas para la misión, sintió que era el momento más emocionante de su vida.

Ahora Melina está realmente en el espacio. Le cuesta creer que su sueño se ha hecho realidad. Es asombroso. Melina está de guardia cuando ingresan al nuevo sistema solar. Es la primera persona que ve este sol. Luego, ve un planeta con solo una luna. Ningún telescopio en la Tierra ha localizado ese planeta.

Melina, entusiasmada, despierta al resto de la tripulación. Ahora sí se siente como un explorador que descubre un nuevo territorio. El planeta tiene agua dulce, árboles y otras plantas. También hay océanos. Se parece mucho a la Tierra.

Como los exploradores en la Tierra, Melina bautiza el planeta que ha descubierto. Lo llama Pura Vida. Elige el nombre en honor a su tatarabuelo, que nació en Costa Rica. *Pura vida* significa "lleno de vida". El nuevo planeta ofrece esperanza a los aventureros que deseen establecerse en el espacio exterior.

"Pura vida, tatarabuelo", susurra Melina.

Illustraton: Max Powell

Haz conexiones

En *Melina muestra su entereza*, ¿qué metas eran importantes para Melina? **PREGUNTA ESENCIAL**

¿Qué ayuda a Franklin en *Alcanza las estrellas* y a Melina en *Melina muestra su entereza* a obtener lo que desean? **EL TEXTO Y OTROS TEXTOS**

Glosario

física ciencia de la materia y la energía, que incluye el estudio de las leyes del movimiento, el sonido, la luz y el calor ***(página 6)***

hidrógeno gas incoloro que es el elemento más común en el universo ***(página 13)***

microgravedad ausencia de peso en el espacio, donde prácticamente no hay fuerza de gravedad ***(página 13)***

plasma tipo de gas eléctricamente neutro, por lo general caliente ***(página 12)***

satélite objeto enviado al espacio para orbitar la Tierra, la Luna u otro planeta ***(página 2)***

simulador máquina que imita todas las operaciones de una máquina real y que se usa para capacitación ***(página 6)***

Índice

Enfoque:

Ciencias

Propósito Descubrir cómo un paracaídas aumenta la resistencia al avance de un transbordador espacial, disminuyendo su velocidad al aterrizar

Paso a paso

Paso 1 Arma un paracaídas cortando un pedazo de plástico de unas 12 x 12 pulgadas.

Paso 2 Corta cuatro trozos de cordel de igual longitud, de unas 8 pulgadas. Pega un trozo en cada esquina del paracaídas. Ata las otras puntas entre sí.

Paso 3 Elige dos juguetes pequeños que tengan un tamaño y un peso similares. Ata el paracaídas a uno de los juguetes.

Paso 4 Suelta ambos juguetes desde la misma altura y anota lo que ves.

Conclusión ¿Qué pasa cuando sueltas el juguete con el paracaídas? ¿Qué diferencia hay cuando sueltas el juguete sin el paracaídas?